P9-ARR-674

incrementa la
energía

incrementa la energía

Peter Falloon-Goodhew

FUNDACIÓN BIOMÉDICA DE YOGA

alamah
VISUAL

alamah

VISUAL

Londres, Nueva York, Munich, Melbourne y Delhi

Editora artística de la colección: Anne-Marie Bulat
Editora de la colección: Jane Laing
Asesor de la colección: Peter Falloon-Goodhew
Editora en jefe: Gillian Roberts
Editora senior de arte: Karen Sawyer
Category publisher: Mary-Clare Jerram
Diseño DTP: Sonia Charbonnier
Jefa de producción: Joanna Bull
Fotógrafo: Graham Atkins-Hughes (representado por A & R Associates)

Copyright © 2002
Dorling Kindersley Limited, London
Text copyright © 2002 Yoga Biomedical Trust

De esta edición en español:
D. R. © Aguilar, Altea, Taurus, Alfaguara, S.A. de
C.V., 2003.
Av. Universidad 767, Col. del Valle
México, 03100, D.F.
Teléfono (52) 54207530
www.alamah.com.mx

Distribuidora y Editora Aguilar, Altea, Taurus,
Alfaguara, S. A.
Calle 80 Núm. 10-23, Santafé de Bogotá, Colombia.
Santillana Ediciones Generales, S. L.
Torrelaguna 60-28043, Madrid, España.
Santillana, S. A.
Av. San Felipe 731, Lima, Perú.
Editorial Santillana S. A.
Av. Rómulo Gallegos, Edif. Zulia 1er. piso
Boleita Nte., 1071, Caracas, Venezuela.
Editorial Santillana Inc.
P.O. Box 19-5462 Hato Rey, 00919, San Juan, Puerto
Rico.
Santillana Publishing Company Inc.
2043 N. W. 87th Avenue, 33172. Miami, Fl., E. U. A.
Ediciones Santillana S. A. (ROU)
Constitución 1889, 11800, Montevideo, Uruguay.
Aguilar, Altea, Taurus, Alfaguara, S. A.
Beazley 3860, 1437, Buenos Aires, Argentina.
Aguilar Chilena de Ediciones Ltda.
Dr. Aníbal Ariztía 1444, Providencia, Santiago de Chile.
Santillana de Costa Rica, S. A.
La Uruca, 100 mts. Oeste de Migración y Extranjería,
San José, Costa Rica.

ISBN: 968-19-1225-X
Primera edición: Julio de 2003.
Traductor: Gerardo Hernández Clark
Diseño de interiores: Ma. Alejandra Romero I.
Adaptación de Portada: Antonio Ruano Gómez
Reproducción de color: Colourscan, Singapore
Impresor: South China Printing Co., Hong Kong

Todos los derechos reservados. Esta publicación no
puede ser reproducida, ni en todo ni en parte, ni
registrada en o transmitida por un
sistema de recuperación de información, en
ninguna forma ni por ningún medio, sea
mecánico, fotoquímico, electrónico, magnético,
electroóptico, por fotocopia o cualquier otro, sin el
permiso previo, por escrito, de la editorial.

contenido

introducción

La eficacia del yoga es universal y eterna. Sus prácticas holísticas influyen en los planos físico, mental, emocional y espiritual; elevan los niveles de energía y ayudan a vivir positivamente.

El yoga es un método práctico y comprobado para adquirir buena salud; no ofrece soluciones rápidas, propone un programa a largo plazo para vivir positivamente. Su combinación de posturas físicas, ejercicios de respiración, relajación, meditación y el estilo de vida que promueve, ayudan a mantenernos físicamente en forma y mentalmente alertas, y a vivir más positiva y conscientemente. Para muchas personas el yoga es un viaje de descubrimiento personal, serenidad y felicidad interior.

El yoga es apto para cualquier persona; es una forma de ejercicio segura independientemente de la edad o condición física, siempre y cuando se respeten los propio límites. No obstante, antes de comenzar lee el recuadro "Problemas de salud", para los ejercicios que requieren mayor esfuerzo físico.

PROBLEMAS DE SALUD

Si el médico te ha aconsejado no excederte en el ejercicio físico o si sufres algún problema de salud, busca un terapeuta o maestro de yoga calificado antes de usar este libro. En la página 17 encontrarás indicaciones básicas respecto a afecciones comunes; cuando es necesario, en los apartados de ejercicios individuales aparecen las secciones "Precauciones" y "Alternativas". Si estás embarazada o diste a luz recientemente, consulta a un maestro de yoga calificado.

La vida es energía

Los seres humanos somos complejos sistemas de energía con diversos procesos en los niveles físico, mental, emocional y espiritual. La forma más simple de energía es la metabólica, derivada de los alimentos y el aire. También existe la energía vital: la sensación de felicidad por estar vivos y saludables.

Para algunos, la energía vital no es otra cosa que la expresión colectiva de las energías físicas generadas por el trabajo conjunto de mente y cuerpo. Para otros, es el ingrediente secreto que marca la diferencia. En yoga se le conoce como *prana*, la encarnación de la fuerza vital universal que fluye en todos lados y a través de todas las cosas, es la "inteligencia" que subyace a la creación.

Síntomas de falta de energía

Todos concuerdan en que sentirse bien no sólo depende de cuánta energía se posea, sino de que ésta fluya libremente. A veces un bloqueo provoca bajos niveles de energía o un desequilibrio entre las energías física, mental y emocional.

Los niveles elevados de energía nos hacen físicamente activos, mentalmente positivos y emocionalmente estables.

Si sufres de niveles bajos de energía, es posible que sientas que cualquier cosa que requiere esfuerzo te cansa. Tal vez te falta fuerza o resistencia, te sientes físicamente indispuesto o despiertas cansado.

Los bajos niveles de energía se notan en malos hábitos de postura y falta de brío al caminar. Podemos ser más susceptibles a resfriados y afecciones menores. En casos extremos, prácticamente todo nos cansa o debilita.

En cuanto a la mente, los niveles de concentración bajan al grado que resulta difícil mantener la atención en el trabajo, leer un libro o ver televisión, así como recordar, tomar decisiones y encontrar el entusiasmo necesario para cualquier tarea.

En el nivel emocional los síntomas son impaciencia y susceptibilidad a la ira, el miedo, los celos o la envidia. También aumenta la crítica al mundo, la familia y los amigos, y hay renuencia al cambio. Conforme estas emociones negativas asumen el control, se pierde la capacidad de reír, de participar y disfrutar la vida. Los acontecimientos nos arrastran y las situaciones nuevas representan problemas en vez de oportunidades. Esto drena la energía.

Causas de la falta de energía

Las causas de la falta o del desequilibrio de energía son muchas y variadas. Casi siempre hay muchos factores que influyen, entre ellos:
- enfermedades
- dieta desequilibrada
- sedentarismo
- falta de sueño
- situaciones estresantes

Enfermedades

Los bajos niveles de energía pueden ser síntoma de un desorden subyacente. Las afecciones que suelen asociarse con la fatiga son la depresión, la ansiedad y el insomnio, aunque también provocan fatiga la recuperación de una enfermedad viral, la anemia, el mal funcionamiento de la tiroides, problemas de respiración (asma grave o hiperventilación), diabetes no controlada y dolores crónicos.

La fatiga prolongada puede estar relacionada con enfermedades más graves; consulta a tu médico.

Dieta desequilibrada

Una dieta equilibrada es esencial; debe corresponder a las necesidades del metabolismo. Tanto el exceso como la falta de alimento afectan negativamente a la energía, así como alimentos sobreprocesados o que contienen complementos artificiales y/o sal, azúcar o saborizantes. El consumo de grandes cantidades de alimentos potencialmente adictivos (con cafeína y alcohol), también pueden provocar desequilibrios energéticos.

Sedentarismo

Cualquiera que haya estado incapacitado sabe lo rápido que se deterioran la masa muscular y la resistencia. Sin embargo, no hace falta un accidente o una enfermedad para afectar la fuerza y la resistencia.

Un estilo de vida sedentario —acompañado de malos hábitos de postura— influye negativamente en los procesos digestivos, reduce la capacidad respiratoria, incrementa la presión cardiovascular y ocasiona desequilibrio y debilidad muscular. Además, la inactividad física causa embotamiento, lo que provoca un círculo vicioso de fatiga mental y física.

Falta de sueño

La falta de sueño es un problema común (ocho horas de sueño es lo adecuado). Si una deuda de sueño no es saldada en los días inmediatos, crecerá. De este modo, aunque nos acostumbremos a un régimen inadecuado de sueño, el sistema

YOGA Y ALIMENTACIÓN

El yoga nos exhorta a tener una buena alimentación. Las siguientes pautas te ayudarán a tomar conciencia de tus hábitos alimenticios y a digerir mejor:

• Come alimentos preparados recientemente.

• No comas hasta que hayas digerido el último alimento (después de tres horas).

• Evita distracciones mientras comes.

• No comas cuando estés enojado o alterado.

• Toma bocados pequeños y mastica bien.

• No bebas grandes cantidades de líquidos durante la comida.

• Bebe mucha agua en otros momentos.

inmunológico y los mecanismos corporales de reparación y "recarga de baterías" se verán afectados. Esto se manifiesta en los tiempos de reacción, concentración, memoria, desempeño físico y capacidad de discernimiento, así como en cambios de humor frecuentes.

Los ritmos corporales se perturban con estilos de vida que ignoran los estímulos de regulación del sueño: el alba y el ocaso. Los trabajadores con horarios cambiantes se sienten adormilados en el trabajo y son incapaces de dormir en casa. En casos graves presentan problemas digestivos, cardiovasculares, emocionales y mentales.

Situaciones estresantes

Las largas horas en el trabajo, más si éste implica tareas repetitivas o aburridas, agotan la mente y el cuerpo.

Sacar adelante una familia resulta un reto y, combinado con un trabajo atareado, inevitablemente aumenta la presión. Muchas personas trabajan contra reloj e intentan realizar tantas actividades como sea posible. Esto socava la energía y fomenta la dependencia a estimulantes como la nicotina para sobrellevar el día y el alcohol para inducir la relajación al final de éste. Los beneficios de los estimulantes son efímeros y sus efectos negativos tienen consecuencias a largo plazo.

Además, las preocupaciones financieras, las relaciones tirantes, el sentimiento de soledad y otros problemas personales reducen las reservas de energía y favorecen un enfoque negativo de la vida.

Cómo puede ayudarte el yoga

El propósito del yoga es experimentar la infinita energía vital de la esencia de nuestro ser. Normalmente esto es imposible porque estamos enmarañados en la red de la vida cotidiana; permanecemos absortos en los deseos, en el apego a las personas o a las cosas, en prejuicios y aversiones y en tensiones físicas, mentales y emocionales que resultan de éstos.

Para superar esto, se debe tener la capacidad de "dejar ir". Patanjali, un gran sabio del yoga que vivió hace más de dos mil años, lo describió como: "aquietar las olas de pensamiento en la mente". No es fácil calmar la mente, pero puede lograrse por medio de posturas físicas y ejercicios de respiración, relajación, concentración y meditación de yoga.

La práctica de las posiciones favorece la resistencia cardiovascular, la fuerza muscular, la flexibilidad, el equilibrio, la coordinación y mejora los tiempos de reacción del cuerpo. La autoestima y la energía vital aumentan gradualmente. La práctica regular de las posiciones nos hace más despiertos física y mentalmente.

Patanjali enseñó que debemos cambiar las maneras habituales de pensar y actuar. Él aconsejó sobre cómo debemos relacionarnos con las personas y con el mundo mediante un conjunto de prácticas diseñadas para promover un enfoque saludable y positivo de la vida. En esencia, enseñó a ser conscientes: "ser con lo que es". Esto significa prestar toda la atención a la persona con la que estemos o a la actividad que estemos realizando sin permitir que nada nos distraiga ni que las emociones enturbien nuestro juicio.

MÁXIMAS PARA LA VIDA

Para Patanjali era fundamental una relación positiva con el mundo y con uno mismo. Intenta vivir de acuerdo con sus máximas. Te ayudarán a vivir positivamente y a que la energía vital fluya libremente en ti.

En las relaciones con el mundo que nos rodea debemos:
• Evitar causar daño; esforzarnos por ser compasivos.
• Ser honestos en nuestros pensamientos, palabras y acciones.
• Nunca robar; esto se aplica no sólo a posesiones sino también al tiempo, la energía o la buena voluntad.
• Ser fieles y desinteresados en las relaciones personales.
• Evitar adquirir o aferrarnos a las cosas materiales (o a las personas).

Con nosotros mismos debemos:
• Fomentar la pureza de mente, cuerpo y espíritu; la limpieza interior y exterior.
• Procurar la sencillez e intentar sacar el mayor provecho de la vida.
• Desarrollar la determinación física y mental (con los ejercicios de yoga) para enfrentar las dificultades de la vida.
• Aprender a interpretar con nuestro ser interior.
• Aceptar que la vida va mucho más allá del mundo material, y ser respetuosos de la inteligencia que subyace a ella.

Un nuevo enfoque de la vida

Para todos es difícil "dejar ir" y actuar de manera desinteresada, por la costumbre de anteponer el ego, deseos, preferencias, prejuicios, esperanzas y temores y por la incapacidad de disfrutar esta manera de ser.

Si se liberan las actitudes y emociones negativas, si respetamos a los demás, demostramos compasión y aprendemos a seguir al corazón, entonces los niveles de energía se elevarán naturalmente. Seremos menos susceptibles a la negatividad. Estos cambios no se logran de un día para otro; se debe trabajar constantemente, ser objetivos, sagaces y cultivar conscientemente actitudes positivas.

Elige un principio de comportamiento y actitud de Patanjali (ver "Máximas para la vida", p. 11); observa cómo se apegan a él tus pensamientos, intenciones y acciones. Al día siguiente propónte actuar de

acuerdo con el mismo principio y ve cómo te sientes. Practica cada una de las máximas. Si trabajas con determinación y no te desanimas, notarás que gradualmente adquieres sensibilidad, conciencia, energía y felicidad.

Prestar atención, apreciar el mundo que te rodea y admirarte de las maravillas de la naturaleza puede ser especialmente útil para ayudarte a advertir la inteligencia universal.

Sólo recuerda que es importante disfrutar todas y cada una de tus acciones, sobre todo cuando intentes poner en práctica las Máximas para la

Sal a caminar al campo o a la playa y reflexiona sobre tus actitudes y comportamientos. Medita en la belleza y la quietud de la naturaleza.

vida de Pantanjali. Esto te ayudará a centrarte en ti de una manera distinta, es decir, no serás una persona egoísta sino un ser integrado a la energía universal, capaz de dar y recibir y de fluir con esta energía, aprovechando sus beneficios para tener una mejor calidad de vida.

Cuando lo logres, notarás que te sientes en total sintonía con el exterior, tanto con las personas como con los acontecimientos, y verás que todo forma parte de ti de la misma manera que tú formas parte de todo lo que te rodea. Una forma sencilla de tener esta experiencia es ir al campo o a un lugar abierto alejado de la vida citadina y su ajetreo, un lugar donde puedas sentir las diferentes manifestaciones de la energía en la naturaleza: el viento, el agua, la tierra y el calor, y donde te des la oportunidad de sentir como recorren tu cuerpo y lo llenan de vitalidad.

CÓMO USAR ESTE LIBRO

El libro se divide en tres secciones. El apartado "Fundamentos" ofrece orientación sobre la práctica del yoga, así como ejercicios básicos de respiración y extensiones preliminares. Hay que familiarizarse con ellos antes de pasar a las "Posiciones básicas". Allí hay una selección de posiciones y ejercicios de respiración, así como una sencilla técnica de meditación y relajación. Practica estas posiciones gradualmente; en vez de tratar de hacerlas todas en una sesión, elige una o dos cada vez. Primero observa las fotografías; luego sigue cuidadosamente las instrucciones. Si alguna posición te resulta difícil, practica antes los pasos preliminares o prueba la alternativa.

La sección "Rutinas" combina posiciones y ejercicios en series diseñadas para situaciones y necesidades específicas. Asegúrate de comprender a la perfección cómo hacer las posturas antes de abordar los programas.

El yoga tradicionalmente se aprende con un maestro, y si aún no asistes a alguna clase sería bueno que lo hicieras.

fundamentos

Este apartado está dirigido a principiantes. Incluye posiciones básicas de pie, sentado y acostado; ejercicios para conscientizar la práctica del yoga y ejercicios de respiración y extensión que relajan y ayudan a coordinar respiración y movimiento.

antes de
comenzar

La práctica del yoga comienza con la actitud. Lee las recomendaciones generales de esta sección; te ayudarán a realizar una práctica consciente y significativa.

Procura establecer un horario regular para tu practica. Es preferible realizar un poco diariamente que hacer mucho una o dos veces por semana. Un buen momento es antes del desayuno o al caer la noche.

Practica siempre con el estómago vacío. Deja que pasen tres horas después de una comida abundante,

dos horas después de una ligera, y una hora después de un bocadillo. Usa ropa cómoda que no limite tu movimiento ni tu respiración. Practica sobre una superficie no deslizante y amplia.

Si no has practicado yoga antes, no te fuerces en las primeras sesiones. Es posible que sientas rigidez

RESPETA TUS LÍMITES

No fuerces nunca tu cuerpo con alguna posición; la mayoría cuenta con alternativas. Aquí se muestra un ejemplo de "Inclinación al frente" (ver p. 38).

durante uno o dos días, pero pronto pasará.

Nada de lo que hagas deberá provocarte dolor. Si llegas a sentirlo, modera tu ejercicio. Si sientes dolor de pecho, experimentas irregularidad en tu ritmo cardiaco, te sientes mareado o te falta el aliento, detente. Si la práctica más ligera no resuelve el problema, acude al médico.

No intentes competir ni siquiera contigo mismo. Todos tenemos virtudes y debilidades diferentes. Tu principio rector debe ser trabajar dentro de tus límites y extenderlos gradualmente.

Practica el yoga de manera equilibrada: compensa las posiciones fuertes y de inclinación al frente con inclinaciones hacia atrás, y éstas con inclinaciones al frente o algunos giros. Después de trabajar con un lado del cuerpo en una posición, repite la secuencia con el otro lado.

INDICACIONES PARA AFECCIONES COMUNES

- Si padeces de presión alta, afecciones cardiacas, glaucoma o retina desprendida, mantén la cabeza sobre el nivel del corazón.
- Si padeces de presión alta o afecciones cardiacas, mantén las posiciones difíciles de pie o boca abajo sólo unos momentos y mantén los brazos debajo de la cabeza.
- Si padeces de presión baja, incorpórate despacio.
- Si padeces problemas de espalda o ciática, evita inclinaciones y giros que te duelan o causen cosquilleo y adormecimiento en las piernas. Mantén las rodillas dobladas en las inclinaciones hacia adelante.
- Si tienes una hernia o te practicaron recientemente cirugía abdominal, no ejerzas presión en el abdomen.
- Si padeces artritis, mueve las articulaciones todo lo que puedas sin que haya dolor.
- Si tienes artritis en el cuello o algún otro problema en él, no dejes caer la cabeza hacia atrás y ten cuidado en los movimientos laterales y de giro del cuello.
- Posiblemente debas practicar más suavemente durante la menstruación. Evita las inversiones y las posturas que ejerzan presión en el área pélvica.

posiciones fundamentales

Las posiciones fundamentales del yoga para permanecer de pie, sentado o acostado son importantes en sí mismas, pues desarrollan estabilidad y conciencia de las ventajas que dan al alineamiento de la postura, la respiración y el flujo de energía. Además, son la base de otras posiciones.

La capacidad de sentarnos con estabilidad y comodidad es fundamental para los ejercicios de respiración y meditación, pues ayudan a mantenernos concentrados. La posición acostada se utiliza frecuentemente para desarrollar la conciencia del cuerpo y la respiración y para permitir que el cuerpo absorba los efectos benéficos de otros ejercicios.

Si te resulta imposible adoptarla, usa un accesorio como un cojín, para no lastimarte.

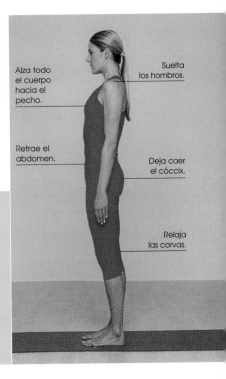

Alza todo el cuerpo hacia el pecho.

Suelta los hombros.

Retrae el abdomen.

Deja caer el cóccix.

Relaja las corvas.

POSICIÓN DE PIE

Ponte de pie derecho, los pies paralelos separados por el ancho de la cadera, alinea la parte superior de los hombros con tobillos. Presiona el piso con los pies y alza todo tu cuerpo; ensancha la parte superior del pecho. Siéntete equilibrado como si tu cabeza estuviera suspendida por un hilo. Mira al frente, relájate y respira tranquilamente.

SENTADO FÁCIL

Posición buena para los ejercicios de respiración. Cruza las pantorrillas para que los pies queden debajo de las rodillas. Acomódate sobre los isquiones con la columna estirada y la cabeza erecta. Relaja la cadera. Si tus rodillas quedan arriba de tu cadera, siéntate en algún soporte.

SENTADO AVANZADO

Si tienes mucha flexibilidad, esta posición te proporciona mayor estabilidad. Siéntate con las piernas extendidas. Coloca la planta del pie izquierdo contra la parte interna del muslo derecho, y el pie derecho sobre o frente a la pantorrilla izquierda de manera que los talones se toquen. Apoya las rodillas en el piso. No te debes forzar.

ARRODILLADO

Prueba esta posición si el sentado de piernas cruzadas te resulta incómodo. Siéntate sobre tus talones. Si vas a permanecer así más tiempo, separa las rodillas y los pies al ancho de la cadera y siéntate sobre un soporte. Mantén la columna recta y la cabeza erguida. Apoya las manos sobre los muslos.

ACOSTADO BOCA ARRIBA

Acuéstate con las piernas estiradas y los pies separados al ancho de la cadera. Déjalos caer hacia los lados. Separa los brazos, relaja el cuello y apoya la cabeza.

ACOSTADO CON PIERNAS FLEXIONADAS

Si sientes incomodidad boca arriba, mantén los pies separados al ancho de la cadera y deja que las rodillas se apoyen una contra la otra.

ACOSTADO BOCA ABAJO

Para descansar entre posiciones boca abajo mantén los pies separados al ancho de la cadera, gira la cabeza hacia un lado y usa el dorso de las manos como almohada. Relaja las piernas.

CINTURONES Y BLOQUES

Los cinturones y los bloques pueden servirte como apoyo y para estabilizarte a practicar las posiciones. Por ejemplo, en las inclinaciones al frente —como en la ilustración— el cinturón ayuda a proteger la espalda en caso de que tengas rigidez en los ligamentos de las corvas o en la caderas.

ALMOHADAS

Las almohadas pueden servirte como apoyo. Aquí se muestran sosteniendo los muslos en "Mariposa boca arriba" (ver p. 92), lo que permite que los músculos del muslo se relajen, que la cadera se abra y que permanezcas en la posición más tiempo.

SILLAS

Las sillas se usan para modificar posturas. Ésta es una versión de "Niño" (ver p. 74) para personas con presión alta. Pueden utilizarse para ejercicios de respiración o meditación si las posiciones resultan incómodas. Siéntate en el borde con las plantas de los pies bien apoyadas sobre el piso y apoya las manos en los muslos.

centrarse

Antes de comenzar tu práctica de yoga tranquiliza tu cuerpo y tu mente, concéntra en el aquí y el ahora. Esta técnica se llama centrarse y ayuda a desarrollar la conciencia.

Para centrarte puedes permanecer parado, sentado o acostado unos minutos en una posición cómoda. Observa tu respiración y permite que se asiente en un ritmo tranquilo y natural. Al hacerlo, la actividad de tu mente se reducirá.

Si tu cuerpo está rígido y tus músculos tensos, el siguiente ejercicio de relajación te servirá antes de comenzar con las posturas.

centrarse, posición acostada

1 Acuéstate en el piso con las rodillas flexionadas y los pies separados al ancho de la cadera. Coloca los brazos separados del tronco y el dorso de las manos hacia el piso con los dedos suavemente doblados hacia dentro. Apoya el centro de la parte posterior de la cabeza en el suelo y relaja el cuello. Si sientes tensión en él, coloca un pequeño soporte debajo de la cabeza.

2 Deja que la parte baja de la espalda se hunda hacia el piso. Desliza los pies por el piso para estirar las piernas. Deja que las piernas se relajen y que los pies caigan hacia los lados. (Si sientes incomodidad en la espalda, mantén las rodillas flexionadas.) Cierra los ojos. Siente el equilibrio de tu cuerpo. ¿Sientes que las distintas partes de tu cuerpo se hunden hacia el piso uniformemente, o hay tensiones en algunas áreas?

3 Lentamente, dirige tu atención a cada parte de tu cuerpo; empieza por los pies y continúa por las pantorrillas, los muslos, la cadera, las nalgas, las manos, los antebrazos, los brazos, el pecho, la parte baja de la espalda, los hombros, el cuello y la cara. Pide a cada parte del cuerpo que se relaje. Toma conciencia de tu respiración y verifica que estés respirando por las fosas nasales. No intentes controlar o cambiar la respiración; simplemente observa el movimiento del aire conforme entra y sale de tu cuerpo. Deja que adopte un ritmo pausado, profundo y natural. Cada vez que exhales, sé consciente de "dejar ir". Siente cómo tu cuerpo se "hunde" hacia el piso y cómo éste lo sostiene.

4 Concéntrate en tu exhalación. Permite que sea más prolongada que la inhalación. Haz una cuenta descendente de 10 exhalaciones. Cuando llegues a cero, gira suavemente la cabeza de un lado a otro tres veces. Durante una inhalación, estira los brazos hacia el techo y luego hacia atrás; estírate hasta la punta de los dedos mientras empujas la parte baja de la espalda contra el piso y los talones hacia el frente. Relájate con algunas respiraciones. En una exhalación, regresa los brazos a los costados o apoya las manos en el abdomen y suéltate completamente. Gira suavemente hacia uno de tus costados, haz una pausa y siéntate o párate lentamente.

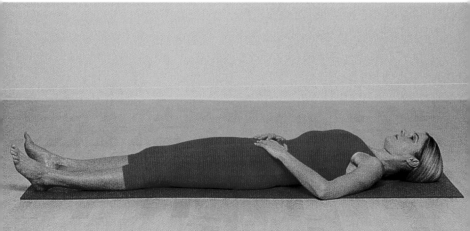

respiración
básica

Hay una conexión fundamental entre la respiración y nuestros estados físicos, mentales y emocionales. La respiración es el camino por el que la energía vital —"el aliento detrás del aliento"— entra al cuerpo.

La respiración proporciona oxígeno para los procesos metabólicos de los que obtenemos energía para movernos, pensar y sentir; asimismo, elimina el bióxido de carbono. La tensión física en los músculos respiratorios de la caja torácica puede provocar rigidez en el pecho e incluso dolor. Los ejercicios de respiración relajada liberan la tensión de toda la parte superior del cuerpo y permiten ajustar la respiración a cada necesidad.

La respiración también constituye un poderoso vínculo entre la mente y el cuerpo. Con el control de los patrones de respiración —ritmo y profundidad, duración de la exhalación o el equilibrio entre las fosas nasales derecha e izquierda— se puede influir en los estados físicos, mentales y emocionales.

Buenos hábitos de respiración
El yoga fomenta la respiración por la nariz, el uso completo del diafragma, la respiración pausada y suave, y la coordinación de ésta con el movimiento. En las posiciones, los movimientos de apertura se realizan junto con la inhalación; los de cierre, con la exhalación.

El siguiente ejercicio de respiración ayuda a tomar conciencia de la acción de los músculos respiratorios y fomenta buenos hábitos de respiración; se puede practicar de pie o acostado.

respiración por secciones

La respiración por secciones ayuda a eliminar los bloqueos de energía provocados por malos hábitos.

Después de completar el último paso, combina los tres en inhalaciones y exhalaciones continuas.

1 Siéntate cómodamente con las palmas sobre el abdomen y los dedos medios apenas tocándolo. Inhala pensando en llenar tus manos; siente cómo el abdomen se expande y los dedos se separan. Ahora exhala y siente cómo el abdomen se hunde. Realiza seis respiraciones.

2 Pon las manos en la caja torácica con los pulgares hacia atrás y los demás dedos hacia el frente. Siente cómo se expanden las costillas cuando inhalas, y cómo se hunden cuando exhalas. Realiza seis respiraciones con el abdomen lo más quieto posible.

3 Coloca los dedos justo debajo de las clavículas. Inhala y siente cómo los dedos y los hombros se elevan hacia la cabeza, y cómo se expande la parte superior del pecho. Mientras exhalas, siente cómo los dedos descienden junto con el pecho. Haz seis respiraciones.

respiración y extensión

Estos ejercicios fomentan la coordinación entre movimiento y respiración y la extensión de músculos rígidos. La conciencia de la respiración permite que la energía fluya libremente por tu cuerpo.

hacia arriba y hacia abajo

1 Adopta la "Posición fundamental de pie" (ver p. 18) con los pies paralelos y separados al ancho de la cadera. Realiza varias respiraciones completas mirando hacia el frente.

2 Durante una inhalación, estira lentamente los brazos hacia los lados y hacia arriba por encima de la cabeza. Junta las palmas de las manos con los dedos apuntando hacia el techo. Sigue mirando hacia adelante.

Mientras exhalas, flexiona los brazos hacia atrás con las palmas de las manos juntas y los dedos apuntando hacia el piso. Al mismo tiempo, levanta los codos hacia el techo.

Entrelaza los dedos. Mientras inhalas, extiende los brazos otra vez y estira las palmas de las manos hacia el techo.

Mientras exhalas, extiende los brazos hacia los lados y hacia abajo. Mientras inhalas, lleva los brazos hacia atrás y entrelaza los dedos detrás de la espalda. Expande el pecho y mete el estómago.

Exhala, inclínate hacia adelante desde la cadera y flexiona las piernas. Levanta la parte posterior de las manos hacia el techo. Inhala y regresa a la posición de pie. Baja los brazos a los costados durante la exhalación. Repite la secuencia varias veces.

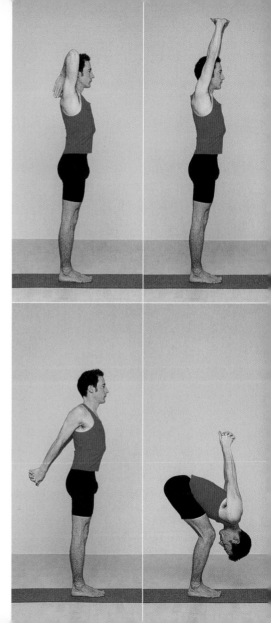

brazada de pecho

1 Derecho, con los pies separados al ancho de la cadera, extiende los brazos al frente a la altura de los hombros, junta las palmas de las manos. Respira 2 ó 3 veces. Inhala y gira las palmas, haz que los dorsos se toquen.

2 Mientras exhalas, extiende los brazos hacia los lados y luego hacia atrás y hacia abajo por los costados en un movimiento circular que imite la brazada de pecho.

3 Mientras inhalas, estira los brazos al frente y junta las palmas de las manos manteniendo los codos pegados a los costados. Repite la secuencia varias veces con movimientos suaves y fluidos.

brazada de dorso

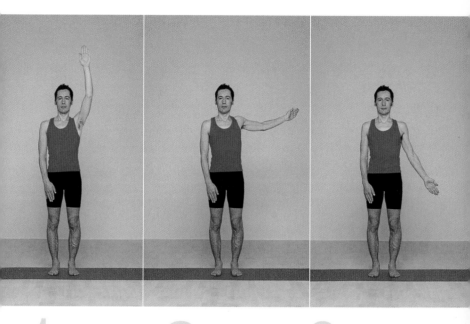

1 Párate derecho con los pies paralelos y separados al ancho de la cadera. Coloca las palmas de las manos sobre la parte anterior de los muslos. Mientras inhalas, lleva tu brazo izquierdo hacia adelante y hacia arriba.

2 Continúa el movimiento circular llevando tu brazo izquierdo hacia atrás como si nadaras en estilo de dorso. Presiona la palma de la mano derecha para evitar que el cuerpo gire. Mira al frente.

3 Lleva el brazo hacia abajo y hacia adelante. En la exhalación, mueve el brazo derecho. Repite varias veces. Después, inhala mientras mueves el brazo derecho y exhala mientras lo haces con el izquierdo.

inclinación y giro laterales

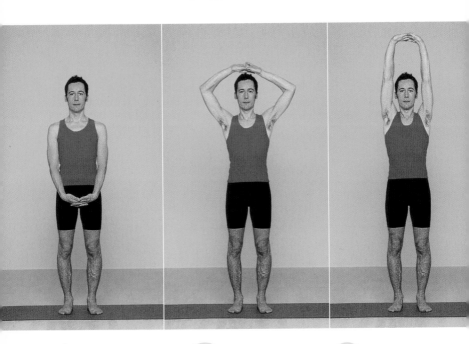

Párate en la "Posición fundamental" con los pies separados al ancho de la cadera. Junta las manos frente al cuerpo y entrelaza los dedos. Respira varias veces.

En una inhalación, gira las manos frente al cuerpo para llevarlas justo sobre la cabeza con las palmas apuntando al techo.

Mientras exhalas, extiende las manos hacia el techo manteniendo los hombros abajo bien separados de las orejas. Estira completamente los brazos.

Inhala. Mientras exhalas, inclínate hacia la derecha a partir de la cintura. Inhala conforme regresas al centro. Inclínate hacia la derecha mientras exhalas, y enderézate al inhalar.

Cuando exhales, gira hacia la derecha manteniendo las palmas de las manos estiradas hacia el techo. Inhala conforme regresas hacia el frente. Exhala y gira hacia la izquierda; regresa hacia el frente en la inhalación. Mientras exhalas, baja los brazos frente a ti manteniendo los dedos entrelazados. Repite dos veces la secuencia completa.

extensión sobre una pierna

En la "Posición fundamental de pie", levanta la rodilla derecha hacia el pecho y sujeta la pantorrilla con ambas manos. Relaja la rodilla y jálala hacia el pecho. Respira tres veces profundamente.

Desliza la mano derecha hasta el pie y baja la rodilla. Presiona el talón contra la nalga derecha. Respira tres veces mientras empujas la cadera derecha hacia adelante contra la mano izquierda.

Estira el brazo izquierdo hacia arriba. Respira tres veces. Conservando la rodilla flexionada en línea con la pierna estirada, suelta el pie derecho y bájalo lentamente al piso. Repite con la pierna izquierda.

elevaciones y patadas de rodilla

1 Adopta la posición fundamental de pie. Coloca ambas manos frente a ti a la altura de la cadera, las palmas hacia abajo y los codos contra los costados de tu cuerpo. Deja que tu respiración adquiera un ritmo uniforme.

2 Levanta las rodillas una a la vez hasta que toquen las palmas de las manos. No bajes el brazo ni te inclines hacia adelante para tocar las rodillas. Empieza lentamente y aumenta la velocidad de manera gradual.

3 Apoya el dorso de las manos en las nalgas. Patea hacia atrás con cada pierna hasta que el talón toque la palma de la mano. Aumenta la velocidad de manera gradual. Repite la serie hasta que jadees.

agachado con piernas abiertas

1 Párate derecho con las piernas separadas por 90 ó 120 centímetros, pon los pies ligeramente hacia afuera y las rodillas alineadas con los dedos de los pies. Mira hacia adelante.

2 Flexiona las rodillas ligeramente y lleva las manos a la parte interna de los muslos, justo arriba de las rodillas. Extiende los dedos ligeramente y coloca los pulgares en la parte externa de los muslos. Inhala.

3 Mientras exhalas, echa la cadera hacia atrás como si fueras a sentarte. Mantén la columna estirada y no permitas que la cadera descienda más abajo de las rodillas. Levántate en la inhalación. Repite lentamente 10 veces.

embestida con piernas abiertas

1 Párate con las rodillas ligeramente flexionadas y las manos apoyadas en la parte interna del muslo, justo arriba de las rodillas. Extiende ligeramente los dedos y coloca los pulgares en la parte externa de los muslos. Respira varias veces.

2 Mientras exhalas, embiste hacia la derecha flexionando la rodilla derecha y estirando la pierna izquierda. Luego embiste hacia la izquierda mientras inhalas. Repite lentamente 10 veces, exhalando conforme vas a la izquierda e inhalado mientras vas a la derecha. Siente la extensión en la parte interna de los muslos. Asegúrate de que la rodilla flexionada esté alineada con los dedos de los pies.

posiciones
básicas

Esta sección contiene posturas y ejercicios de yoga para vigorizar cuerpo, mente y espíritu. Mantén las posturas el tiempo que puedas sostenerlas con estabilidad, comodidad y respiración uniforme. Escucha a tu cuerpo mientras practicas y pronto sentirás los beneficios.

inclinación al frente

Libera tus hombros y estira la columna. Mantén los pies firmes y los huesos isquiones alzados para que los ligamentos de las corvas se estiren. Regresa a la posición inicial con cuidado.

1 Adopta la "Posición fundamental de pie" (ver p. 18). Junta las palmas de las manos frente al pecho en posición de rezar. Respira varias veces sintiéndote cada vez más relajado y que tu estatura aumenta.

2 Exhala e inclínate al frente desde la cadera doblando las rodillas. Coloca sobre el piso la punta de los dedos. Apoya el tórax en los muslos y mantén la espalda estirada. Respira uniformemente.

Mantén huesos isquiones alzados.

Relaja las corvas.

Hunde la cabeza.

3 Presiona las plantas de los pies contra el piso y alza los huesos isquiones hacia el techo estirando la parte posterior de las piernas. Manténte en esa posición durante varias respiraciones y estírate un poco más en cada exhalación. Flexiona las rodillas otra vez.

4 Coloca las manos sobre la cadera. Al inhalar, levántate a medio camino. Estira la columna en la exhalación. Mientras inhalas, levántate completamente desde la cadera conservando la espalda recta.

ALTERNATIVA

Si padeces presión alta, glaucoma o desprendimiento de retina, realiza una "Media inclinación al frente" apoyando las manos en el respaldo de una silla. Mete el abdomen hacia la columna y alza el pecho. Si padeces dolor en la parte baja de la espalda o ciática, mantén las rodillas flexionadas.

guerrero

Esta enérgica posición de pie fortalece las piernas y la espalda.
Deja que el cóccix caiga mientras elevas el tórax. Respira
uniformemente, con equilibrio y concentración.

1 Párate con los pies juntos, coloca las manos en la cadera y concéntrate en tu respiración.

2 Gira el pie izquierdo sobre el talón hacia afuera unos 45 grados. Conforme inhalas, eleva el tórax.

3 Mientras exhalas, da un largo paso hacia adelante con el pie derecho. Las caderas deben apuntar al frente; si es necesario, ajusta la posición del pie posterior. Inhala.

PRECAUCIONES

• Si padeces de la espalda, adopta la posición final con mucho cuidado. • No dirijas la vista hacia arriba si tienes problemas de cuello. • Si tienes la presión alta o problemas cardiacos, mantén la posición poco tiempo.

Si sientes cansancio en los brazos, entrelaza y aprieta los dedos medios, anulares y meñiques.

Mantén la rodilla exactamente arriba del pie.

Mira hacia arriba.

Eleva el extremo superior del esternón.

Presiona el piso con la parte externa del talón.

4 Mientras exhalas, flexiona la rodilla derecha y deja que la cadera se hunda hacia el piso. Presiona contra el piso el borde exterior del pie de atrás. Inhala y junta las palmas de las manos sobre la cabeza. Respira uniformemente.

5 En una inhalación estira la pierna derecha. Gira 90 grados de modo que quedes parado con las piernas separadas. Junta los pies y baja los brazos. Repite la secuencia girando hacia afuera el pie derecho en el paso 2, y dando un paso adelante con el pie izquierdo en el paso 3.

embestida
del guerrero

Esta posición extiende el muslo y la cadera del lado de la pierna que está atrás, estira la columna y expande el pecho. Siente cómo aumenta tu energía conforme llenas de aire tu tórax.

1 Ponte a gatas con las manos justo bajo los hombros y las rodillas bajo las caderas. Extiende los dedos y presiona las palmas contra el piso; estira los brazos y separa los hombros de las orejas.

2 Mientras exhalas, lleva tu pierna derecha hacia adelante de manera que el pie quede entre tus manos y la rodilla, exactamente arriba del talón. Si es necesario, apóyate en las puntas de los dedos de las manos.

PRECAUCIONES
- Si tienes problemas de espalda, deténte en el paso 3 ó 4 al inicio.
- Si tienes problemas de cuello, no lo hagas hacia atrás en el paso 6.
- Si tienes problemas del corazón o la presión alta, detente en el paso 4 ó 5 y mantén poco la posición.

3 Mete los dedos del pie izquierdo hacia abajo y haz el pie ligeramente hacia atrás. El glúteo derecho empuja hacia abajo. Levanta la cabeza y dirige la mirada al frente.

4 Mientras inhalas, extiende el talón izquierdo hacia atrás y, para un mayor estiramiento, levanta la rodilla del piso. Estira completamente el tórax y mira hacia adelante.

5 Deja la rodilla suspendida justo arriba del suelo y coloca tus manos sobre el muslo derecho. Mientras inhalas, eleva la parte superior del cuerpo desde la cadera. Respira uniformemente. ▶

Mira justo al frente.

Rodilla alineada con el tobillo.

Rodilla un poco arriba del piso o apoyada en él.

Empuja el talón hacia atrás.

6 Para una versión más enérgica de la postura, eleva los brazos sobre la cabeza y junta las palmas de las manos. Dirige la mirada hacia arriba.

Mantén la rodilla apoyada en el piso si la posición elevada te resulta difícil.

7 En una exhalación, inclínate hacia adelante y baja las manos al piso a ambos lados del pie derecho. Baja la rodilla izquierda al piso. Mira hacia el suelo y un poco adelante.

8 Apoya el dorso del pie izquierdo sobre el piso. Mira hacia abajo y haz la cadera hacia atrás para estirar completamente la parte posterior de la pierna derecha. Tal vez necesites deslizar las manos hacia atrás.

9 Durante una exhalación, haz el pie derecho hacia atrás para regresar a la posición a gatas. Tus muñecas deben quedar justo bajo los hombros y las rodillas, alineadas con la cadera. Mira hacia el piso.

10 En una exhalación, siéntate sobre tus talones sin mover las manos y nota cómo se estira la columna. Relaja los brazos y mantente en esa posición durante varias respiraciones. Repite los pasos 1 a 9 con el lado izquierdo del cuerpo.

perro descendente

Esta posición equilibra las partes superior e inferior del cuerpo. Haz que tu peso se desplace hacia arriba y hacia atrás y que tus hombros se mantengan abiertos y relajados.

1 Siéntate sobre tus talones con las piernas separadas al ancho de la cadera. Inclínate hacia adelante durante una exhalación. Estira los brazos hacia adelante y extiende los dedos de las manos.

2 Mientras inhalas, ponte a gatas; las rodillas y los pies deben quedar al ancho de la cadera y las manos al ancho de los hombros. Empuja las palmas contra el piso y estira bien los brazos. Mete los dedos de los pies hacia abajo del cuerpo.

3 En una exhalación haz la cadera hacia arriba y hacia atrás. Mantén las rodillas flexionadas y desplaza tu peso a los pies de modo que tu columna se estire. Si sientes tensos los hombros, haz las manos hacia adelante o los pies hacia atrás.

4 Mantén la cadera hacia arriba y hacia atrás. Desliza los omóplatos hacia la parte baja de la espalda para que el cuello permanezca libre. Baja los talones hacia el piso conforme estiras la parte posterior de las piernas. Respira uniformemente en esta posición, baja las rodillas al piso y regresa a la posición inicial en una exhalación.

Estira completamente la parte posterior de las piernas.

Cabeza relajada entre los brazos.

ALTERNATIVAS

Si tienes la presión alta, alguna afección cardiaca, glaucoma o desprendimiento de retina, practica la posición con las manos apoyadas en el asiento o respaldo de una silla. Si tienes problemas de espalda, realiza el ejercicio cuidadosamente y mantén las rodillas flexionadas en todo momento.

cocodrilo

Esta postura utiliza los músculos de brazos, espalda, abdomen y piernas para mantener el cuerpo equilibrado e inmóvil. Mantén la concentración y visualiza el cuerpo flotando.

1 Ponte a gatas; las rodillas deben quedar bajo la cadera, las manos un poco más adelante de los hombros, y los pies separados al ancho de la cadera. Mira hacia abajo. Respira varias veces.

2 En una exhalación, flexiona los brazos y baja el tórax hacia el piso. Detente cuando tu pecho esté a unos pocos centímetros del suelo. Mantén los codos pegados a los costados del cuerpo.

PRECAUCIONES
Si padeces de sobrepeso, presión alta o del corazón, mantén la postura brevemente o practica la posición alternativa.

3 En una inhalación, mete los dedos de los pies abajo del cuerpo y separa las rodillas del piso. Haz la parte superior del pecho hacia adelante de modo que los codos queden arriba de las muñecas. Mete el abdomen de manera que tu cuerpo quede paralelo al piso. Si es necesario, puedes hacer los pies hacia atrás.

Proyecta los talones hacia atrás.

Brazos paralelos al piso.

4 Para dejar la posición, baja las rodillas al piso durante una exhalación. Baja el resto del cuerpo al piso. Descansa con la cabeza apoyada en el dorso de las manos. Regresa a la postura a gatas y repite la secuencia una vez.

ALTERNATIVA

Si en la posición final no puedes mantener el cuerpo paralelo al piso sin forzarte, practica con las rodillas apoyadas en el piso hasta que adquieras más fuerza.

perro ascendente

Esta posición estira la parte frontal del cuerpo, extiende la columna y expande el pecho, con lo que favorece la respiración torácica. También proporciona fortaleza y vitalidad.

1 Ponte a gatas con los brazos al ancho de los hombros, y pies y rodillas apartados. Extiende los dedos de las manos de manera que los medios apunten hacia adelante. Respira varias veces.

2 Inhala. Al exhalar, deja que la cadera se hunda hacia adelante. Mantén los brazos estirados y la parte interna de los codos frente a frente. Mira hacia adelante. Haz los hombros hacia atrás y abajo.

PRECAUCIONES
• Si tienes presión alta o alguna afección cardiaca, mantén la posición brevemente. • Estírate con cuidado si tienes alguna hernia o cirugía reciente o si sufres de la espalda.

3 Proyecta el cóccix hacia abajo e inhala. Mientras exhalas, haz el pecho hacia adelante y presiona el dorso de los pies contra el piso; si puedes, eleva las pantorrillas. Mira directamente hacia adelante y respira uniformemente llenando la caja torácica. Mantente en la posición durante varias respiraciones.

Pecho hacia adelante entre los brazos.

Deja que los hombros caigan lejos de las orejas.

Empuja el dorso de los pies contra el piso.

4 Para dejar la posición, flexiona los brazos y baja al piso. Permanece acostado con los brazos a los lados y las palmas de las manos hacia arriba. Gira la cabeza hacia un lado y apóyala en el piso.

salutación
al sol

Esta secuencia vigoriza el organismo. Coordina el movimiento con la respiración y realiza la secuencia con fluidez. Repite tres veces al principio, y aumenta las repeticiones el múltiplos de tres.

1 Párate derecho con los pies juntos y las palmas de las manos juntas frente al pecho en posición de rezar. Mira al frente. Céntrate e inhala profundamente.

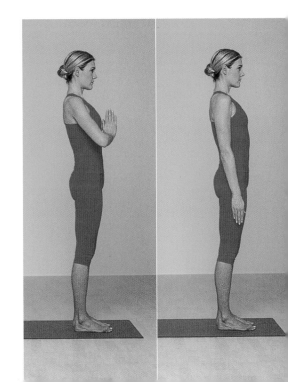

2 Mientras exhalas, separa las manos y bájalas a los costados del cuerpo. Extiende suavemente los dedos de las manos hacia abajo.

Mientras inhalas, gira las palmas de las manos hacia afuera y extiende los brazos hacia los lados y hacia arriba de la cabeza. Junta las palmas, estírate hacia arriba y arquéate ligeramente hacia atrás. Levanta la vista hacia las manos.

Mientras exhalas, flexiona ligeramente las rodillas e inclínate hacia adelante desde la cadera para adoptar la posición "Inclinación al frente" (ver p. 38). Apoya las manos en el piso (o las puntas de los dedos, si no tienes tanta flexibilidad).

Mientras inhalas, estira la parte posterior de las piernas, extiende la columna y separa el tórax de los muslos. Dirige la mirada al piso un poco hacia adelante. ▶

6 Mientras exhalas, flexiona las rodillas y da un largo paso hacia atrás con el pie derecho; apóyalo en la parte anterior de la planta. La parte superior de tu torso debe estar descansando sobre el muslo izquierdo. Dirige la mirada al piso.

7 Mientras inhalas, adopta la posición "Embestida del guerrero" (ver p. 42). Estira la parte frontal del cuerpo y dirige la mirada al frente.

Haz el talón hacia atrás.

Estira la columna.

Rodilla sobre el tobillo.

Exhala mientras haces el pie izquierdo hacia atrás para adoptar la postura "Perro descendente" (ver p. 46). Empuja los talones hacia el piso, pero no los fuerces para tocarlo. Si es necesario, mantén las rodillas flexionadas.

Sostén la exhalación y baja hasta la posición "Cocodrilo" (ver p. 48). Mantén los talones hacia atrás y mete el abdomen. Para otra manera de ir del paso 8 al 10, ver p. 57.

Inhala y adopta la posición "Perro ascendente" (ver p. 50). Hazte hacia adelante para apoyarte sobre el dorso de los pies, estira la parte frontal del cuerpo y eleva el esternón. Mira hacia el techo. ▶

Levanta los
huesos
esquilones.

11 Exhala y haz la cadera hacia atrás y hacia arriba para adoptar la posición "Perro descendente". Gira o da un paso para apoyarte sobre las plantas de los pies. Mira hacia tus pantorrillas. Si lo necesitas, descansa en esta posición durante unas cuantas respiraciones.

12 Inhala al hacer el pie derecho hacia adelante para regresar a la "Embestida del guerrero". Si es necesario, apóyate sobre las puntas de los dedos. Si estás muy tenso tal vez necesites dar dos pasos al frente.

13 Mientras exhalas, lleva el pie izquierdo junto al derecho y adopta la "Inclinación al frente". Si es necesario, flexiona las piernas. Relaja los hombros y el cuello.

14 Inhala e incorpórate manteniendo las rodillas flexionadas. Mientras te levantas, estira los brazos hacia los lados y junta las palmas de las manos sobre la cabeza al tiempo que arqueas ligeramente la espalda. Mira hacia tus manos.

15 Exhala al bajar los brazos hasta que las manos queden frente al pecho en posición de rezar. Baja la cabeza y mira hacia el frente. Repite la secuencia haciendo para atrás la pierna izquierda en el paso 6.

ALTERNATIVA

Si los movimientos de los pasos 8 a 10 te resultan demasiado difíciles, prueba esta versión.

• Desde la postura "Perro descendente", mantén la exhalación y baja las rodillas al piso para quedar a gatas.

• Todavía sin inhalar, baja hasta el piso con las manos debajo de los hombros y los codos cerca de los costados.

• Mientras inhalas, levanta la cabeza y los hombros, y proyecta la parte superior del pecho hacia adelante para adoptar la posición modificada de "Perro ascendente", con la parte anterior de las piernas sobre el piso.

triángulo

Esta posición incrementa la flexibilidad de la cadera y expande el pecho. Siente cómo fluye la energía desde el centro de tu cuerpo.

1 Separa los pies por lo menos un metro y junta las palmas frente al pecho. Mira hacia adelante. Al inhalar, estira los brazos hacia arriba y a los lados hasta la altura de los hombros.

2 Gira hacia afuera el talón izquierdo y la pierna derecha hasta que este pie apunte hacia ese lado. Pon el brazo izquierdo sobre la pierna, y estira el derecho hacia arriba.

PRECAUCIONES
• Si padeces problemas de espalda, apoya el brazo que esté al frente más arriba de la pierna.
• Si sufres problemas de cuello, no gires la cabeza para mirar tu mano.

Mientras exhalas, estírate hacia la derecha por encima de la pierna. Al mismo tiempo, desliza la mano izquierda hacia arriba hasta que la palma quede sobre la región baja de la espalda. Mira en dirección a tu brazo derecho. Mantén la cadera y el pecho apuntando hacia adelante, y siente cómo se estira tu columna.

Baja la mano derecha y apóyala en el suelo o en tu pierna a una altura cómoda. Gira la cabeza para mirar hacia adelante. Levanta el brazo izquierdo hacia el techo con la palma de la mano apuntando hacia el frente. Mantén la parte posterior del cuello alineada con la columna. Mira hacia tu mano izquierda. Enderézate en una inhalación y repite con el lado izquierdo.

Estira el tórax y expande el pecho.

Si no alcanzas el piso, intenta apoyar tu mano en un bloque.

Empuja el borde externo del pie contra el piso.

inclinación lateral, rodilla
flexionada

Esta posición vigoriza la parte superior del cuerpo y expande cadera y pecho. Mantén firme la pierna trasera y alinea la cadera, la rodilla y el pie de adelante.

1 Párate con los pies separados por lo menos un metro y las palmas de las manos juntas frente al pecho. Inhala y estira los brazos hacia los lados a la altura de los hombros con las palmas hacia el piso. Gira ligeramente el talón izquierdo hacia afuera y la pierna y el pie derechos unos 90 grados a la derecha.

2 Inhala profundamente. Mientras exhalas, flexiona la rodilla derecha hacia ese lado hasta que quede sobre el talón. Gira el tórax para mirar hacia el brazo derecho y deja que el cóccix caiga. Conserva esta posición durante un par de respiraciones.

3 En una exhalación, inclínate hacia la derecha y pon tu antebrazo sobre el muslo. Coloca la palma izquierda en el sacro. Abre el pecho hacia adelante y empuja los bordes externos de los pies contra el piso. Mira la rodilla izquierda.

4 Extiende el brazo izquierdo sobre la cabeza y estírate desde el borde el pie izquierdo hasta la punta de los dedos. Si eres flexible y no tienes problemas de espalda, baja la mano derecha al piso junto al pie delantero. Estira la pierna frontal en una inhalación y repite con el lado izquierdo.

Mantén la rodilla sobre el talón y alineada con el pie.

Mete el abdomen.

Empuja el borde exterior del pie contra el piso.

PRECAUCIONES

• Mira hacia adelante si tienes problemas de cuello. • Mantén el antebrazo sobre el muslo y la mano en la espalda si tienes la presión alta.

estiramiento de corredor

Esta postura trabaja los ligamentos de las corvas y los músculos de las pantorrillas de la pierna adelantada; también masajea y ayuda a tonificar los órganos digestivos con cada respiración.

1 Ponte a gatas con las manos separadas al ancho de los hombros y los dedos de las manos extendidos y apuntando hacia el frente. Lleva la pierna derecha hacia adelante y coloca la planta del pie entre las manos, de modo que la rodilla quede exactamente sobre el talón. Mira hacia abajo.

2 Estira el tórax hacia adelante sobre el muslo derecho. Apóyate en la parte anterior de la planta del pie izquierdo y, mientras inhalas, levanta la rodilla izquierda del piso. Mantén las palmas de las manos pegadas al piso.

3 Al exhalar, haz los huesos isquiones hacia arriba y hacia atrás, y estira la parte posterior de la pierna derecha mientras mantienes la rodilla izquierda flexionada.

4 Estira completamente el tórax; mantén la espalda relajada y estira la pierna derecha. Si ésta ya está recta, estira la pierna izquierda. Repite con el lado izquierdo.

Huesos isquiones hacia arriba y hacia atrás.

Estira bien el tórax.

Mantén las corvas relajadas.

ALTERNATIVA

Si tienes problemas de espalda, presión alta, afecciones cardiacas, glaucoma o desprendimiento de retina, practica la posición con una silla. Apóyate en el asiento al inclinarte hacia adelante. Puedes dejar la pierna izquierda flexionada.

embestida
con giro

Esta postura combina un giro para la columna y un estiramiento de brazos. Alivia el dolor y la rigidez de los hombros. Concéntrate en respirar y en expandir el pecho.

1 Ponte a gatas con los brazos separados al ancho de los hombros. Extiende los dedos de las manos de modo que los dedos medios apunten hacia adelante. Mira hacia el piso.

2 Lleva el pie derecho hacia adelante y colócalo entre las manos de manera que la rodilla quede exactamente sobre el tobillo y las bases de las manos estén alineadas con éste. Estira el tórax.

PRECAUCIONES

• Gira con cuidado si tienes problemas de espalda o alguna hernia • Si padeces del cuello, no dirijas la vista hacia arriba • Apoya la mano en el muslo de la pierna flexionada si tienes presión alta.

3 En una exhalación, estira el brazo derecho hacia afuera y hacia arriba. Gira la cabeza para mirar la mano derecha. Empuja la mano izquierda contra el piso, extiende la mano derecha hacia arriba y expande el pecho.

Observa los dedos de la mano.

Expande el pecho.

Mantén la rodilla sobre el talón y alineada con el pie.

Palma de la mano o puntas de los dedos apoyados en el piso.

4 Para dejar la posición, regresa la mano derecha al piso y estira la parte posterior de la pierna derecha. Regresa a la posición a gatas. Repite la secuencia con el lado izquierdo.

inclinación al frente, piernas
abiertas

Esta posición estira y vigoriza la parte posterior de las piernas y el interior de los muslos; relaja tórax, espalda y mente.

1 Párate con las piernas separadas aproximadamente un metro, las manos sobre la cadera y los pies dirigidos hacia adelante. Mira hacia el frente. Haz los músculos de la parte frontal de los muslos hacia arriba y hacia afuera. Alza el esternón. Inhala.

2 Mientras exhalas, inclínate hacia adelante y hacia abajo desde la cadera manteniendo la columna recta. Si tienes problemas de espalda, flexiona las rodillas antes de inclinarte. Mira hacia abajo.

Mientras sigues exhalando, baja las manos al suelo justo debajo de los hombros. Inhala y empuja las manos contra el piso para estirar completamente los brazos y la espalda.

Flexiona los brazos y deja que la cabeza se hunda en el piso. Respira uniformemente. Deja que la gravedad estire la columna. Para salir, enderézate desde la cadera en una exhalación y finalmente levanta la cabeza.

Levanta los isquiones.

Si es posible, mantén las piernas estiradas, y las corvas relajadas.

Hombros y cuello relajados.

PRECAUCIONES

• Si tienes problemas de espalda, mantén las rodillas flexionadas y/o utiliza una silla para apoyarte • Si tienes la presión alta, afecciones cardiacas, glaucoma o desprendimiento de retina, inclínate poco.

secuencia
de inclinación lateral

Esta secuencia sirve para sentir calma, centro y vigor. Intenta respirar tres veces en cada paso para ayudar a tu cuerpo a abrirse y a tu mente a relajarse.

1 Párate con los pies juntos y las manos frente al pecho en posición de rezar. Tómate unos momentos para centrarte; mantente bien erguido, respira uniformemente y presiona ligeramente la base de las manos entre sí.

2 Separa los pies un metro o más. Estira los brazos hacia los lados y arriba, hasta la altura de los hombros con las palmas de las manos hacia abajo. Debes sentir los brazos activos y los hombros relajados.

3 Gira el talón izquierdo hacia afuera y la pierna derecha hasta que los dedos apunten hacia la esquina. Al inhalar, levanta el brazo derecho y arquéate hacia la izquierda. Baja el brazo izquierdo y apóyalo sobre la pierna izquierda.

4 Mientras exhalas, estira el brazo derecho hacia ese lado y lleva la mano izquierda a la parte baja de la espalda. Estira bien el tronco. Mira en dirección al brazo derecho.

5 Baja la mano derecha a la pierna derecha lo más cerca que puedas del tobillo. Presiona ligeramente la mano izquierda contra la espalda. Mantén la cadera abierta. Estira la columna y dirige la punta de la cabeza hacia la pared lateral. Mira al frente. ▶

Exhala y flexiona la rodilla derecha hasta que quede sobre el talón. Apoya el antebrazo derecho en el muslo. Estira el brazo izquierdo a un lado de la cabeza. Mantén la cadera abierta y gira la cabeza para ver en dirección al brazo.

En la exhalación, baja el brazo izquierdo y coloca las manos a los lados del pie derecho, paralelas a él. Al mismo tiempo, gira sobre la parte anterior de la planta del pie izquierdo para adoptar la posición "Embestida del guerrero" (ver p. 42).

Da un paso adelante con el pie izquierdo para la posición "Estiramiento de corredor" (ver p. 62). Mantén la rodilla izquierda flexionada y extiende la pierna derecha lo más que puedas. Estira el tórax al inclinarte hacia adelante. Visualiza los isquiones moviéndose hacia arriba y hacia atrás en dirección al extremo superior de la pared de atrás. Conserva la espalda relajada y las manos en el piso.

Estira los
dedos de
las manos.

9 Flexiona de nuevo la rodilla derecha,
baja la izquierda al suelo y apoya el
dorso del pie. Mientras inhalas, estira
el brazo derecho hacia arriba y
expande el pecho hacia la derecha.
Dirige la mirada hacia la mano.

Abre un espacio
entre los hombros.

10 En una exhalación, baja la mano
derecha al piso. Vuelve a apoyarte
en la planta del pie izquierdo y
regresa al "Estiramiento de
corredor". No olvides mover los
isquiones hacia arriba y hacia atrás
y conservar el tórax relajado. ▶

11 Flexiona la rodilla derecha y mueve las manos hasta que quedes mirando hacia el frente. Al mismo tiempo, gira ambos pies hacia adelante hasta adoptar la "Inclinación al frente, piernas abiertas" (ver p. 66). Mantén la espalda recta y relajada. Extiende los dedos.

Huesos isquiones hacia arriba.

Empuja el borde exterior de los pies contra el piso.

12 Flexiona las rodillas y lleva las manos a la cadera. Mientras inhalas, levántate lentamente, siempre con la espalda relajada. Endereza una vértebra a la vez. Finalmente, eleva la cabeza para ver hacia el frente y estira las piernas.

Apoyado en los bordes externos de los pies, gira los fémures hacia afuera. Jala ligeramente los codos hacia la pared de atrás. Expande y levanta el pecho y extiende la parte frontal de los hombros. Mira hacia adelante. Respira un par de veces.

Junta los pies y junta las palmas de las manos frente al pecho. Repite la secuencia completa con el otro lado del cuerpo. Permanece de pie unos momentos con los ojos cerrados mientras percibes la energía y la calma.

niño

Esta posición reconstituye, estira ligeramente la columna y los músculos de la espalda y dirige la atención hacia el interior. Desarrolla la conciencia de la respiración.

1 Arrodíllate y siéntate sobre los talones con la mirada al frente. Pon las manos detrás de las espalda y agarra una muñeca con la otra mano. Estira la columna. Inhala.

2 Mientras exhalas, inclínate hacia adelante desde la cadera. Lleva tu frente al piso. Apoya la frente en un soporte si esto te resulta difícil.

3 Baja los brazos a los costados del cuerpo o a la cabeza. Descansa concentrándote en respirar pausada y uniformemente. "Niño" puede practicarse de manera dinámica (si no sufres de epilepsia) alternando los pasos 1 y 2 al ritmo de la respiración.

Siente la respiración en la parte posterior de las costillas.

ALTERNATIVA

Si tienes problemas de espalda, presión alta, glaucoma o desprendimiento de retina, no bajes la cabeza al piso. Apoya los antebrazos en el asiento de una silla y recuesta la cabeza sobre las manos.

liebre

Esta posición reconstituye, estira la columna y ayuda a aliviar la tensión de los hombros. Conserva la columna recta y los hombros relajados al exhalar.

1 Siéntate derecho sobre tus talones. Apoya las manos sobre la alfombrilla a ambos lados del cuerpo con los dedos apuntando hacia adelante. Estira la columna y mira hacia adelante.

2 En una inhalación, estira los brazos hacia los lados y hacia arriba de la cabeza. Bájalos en la exhalación y levántalos otra vez en la inhalación.

PRECAUCIONES

Si padeces de la espalda, glaucoma o desprendimiento de retina, apoya las manos en una silla.

Mientras exhalas, baja los brazos hacia adelante hasta quedar a gatas. Las manos deben quedar separadas al ancho de los hombros y las rodillas, debajo de la cadera.

En una exhalación y sin mover las manos, haz la cadera hacia atrás hasta quedar sentado sobre tus talones. Siente la extensión en los hombros y la espalda, y desliza las manos hacia adelante para incrementarla. Respira profundamente varias veces. Relaja los brazos y vuelve a sentarte en una inhalación.

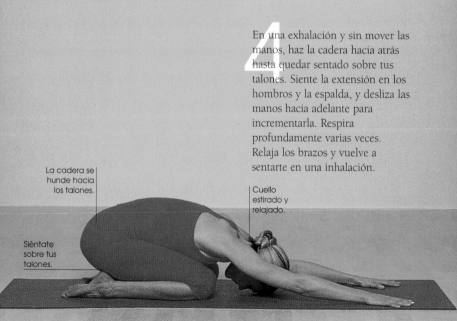

La cadera se hunde hacia los talones.

Cuello estirado y relajado.

Siéntate sobre tus talones.

camello

Siente cómo la energía atraviesa tu tórax con esta inclinación.
Levanta la parte frontal del cuerpo y deja que el cóccix caiga para
abrir espacio en la columna conforme te arqueas hacia atrás.

1 Arrodíllate erguido con las piernas al ancho de la cadera. Presiona las manos contra los muslos, baja el cóccix y mete el abdomen. Levanta el esternón y relaja los hombros.

2 Pon las manos en la cadera. Mientras inhalas, levanta el pecho, haz los codos hacia atrás y dirige la mirada al techo. Exhala y conserva la posición mientras respiras uniformemente.

PRECAUCIONES
- Practica con cuidado los pasos 3 y 4 si padeces de la espalda, hernia, presión alta, afecciones cardiacas o cirugía reciente.
- Si tienes problemas de cuello, no muevas la cabeza en el paso 4.

3 Mientras inhalas, estira el brazo derecho hacia adelante y hacia arriba a un lado de la cabeza, y mientras exhalas, bájalo a tu talón derecho. Repite con el brazo izquierdo.

4 Mantén los muslos perpendiculares, estírate y arquéate lentamente hacia atrás hasta tocar tus talones. Respira de tres a cinco veces. Inhala, suelta las manos y regresa a la posición erguida.

Alza el esternón.

Mete el abdomen.

Mantén el cóccix hacia abajo y la cadera hacia adelante.

ALTERNATIVA

Si tu cuerpo está rígido, no intentes bajar los brazos hasta los talones. Coloca una silla sobre tus pies, agarra las patas con las manos e inclínate hacia atrás lo más que puedas con comodidad.

pararse
de hombros contra la pared

Esta postura invierte los efectos de la gravedad sobre el cuerpo y estimula los centros de equilibrio del cerebro. Si es necesario usa una cobija para dejar libre el cuello (ver p. 84).

1 Siéntate derecho junto a una pared con las rodillas flexionadas y la cadera izquierda contra la pared. Respira varias veces para centrarte.

2 Gira apoyándote en las manos, de manera que quedes recostado en el piso con las nalgas y las piernas contra la pared. Separa los hombros de las orejas.

PRECAUCIONES
• Detente en el paso 2 si menstrúas, padeces sobrepeso, del cuello, presión alta, afecciones cardiacas o desprendimiento de retina. • Si es de la espalda, acuéstate con las rodillas flexionadas sobre una silla.

3 Flexiona las rodillas para apoyar las plantas de los pies en la pared. Inhala y empuja contra la pared para levantar las nalgas del piso. Sostén la espalda con las manos.

4 Sigue empujando contra la pared para estirar completamente la parte frontal del cuerpo hasta que tu espalda y tus muslos queden perpendiculares. Si sientes molestias en el cuello, baja y busca asesoría antes de volver a intentarlo.

5 Respira uniformemente. Separa la pierna izquierda y apunta el pie hacia el techo; vuelve a apoyarlo y haz lo mismo con la pierna derecha. ▶

Centro de la parte posterior de la cabeza sobre el piso.

El cuerpo se apoya en los hombros y los brazos, no en el cuello.

El centro de la cabeza en el piso, el cuello suelto.

Estira los pies hacia arriba.

Presiona el piso con los brazos; mantén los codos flexionados.

7 Para dejar la posición, flexiona la rodilla izquierda para apoyar la planta del pie en la pared. Sigue estirando la columna y sostén la espalda con las manos.

6 Separa las piernas de la pared, una a la vez, para que quedes totalmente parado de hombros. Desliza las manos hacia los hombros para ayudarte a mantener el cuerpo recto. Al principio, sostén la posición unos 30 segundos e incrementa el tiempo conforme te vayas familiarizando con ella. Respira normalmente, extiende los pies hacia el techo y estira bien todo el cuerpo.

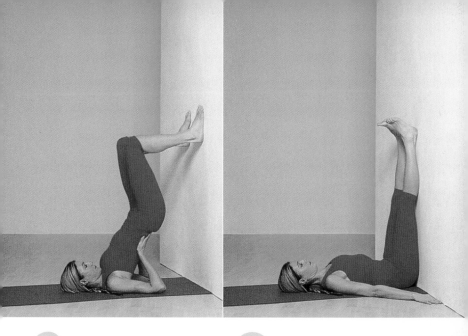

8 Flexiona la rodilla derecha y apoya el pie en la pared. Respira normalmente y empieza a bajar la columna hacia el suelo, siempre sosteniendo tu espalda.

9 Cuando la parte baja de tu espalda llegue al piso, extiende los brazos a los costados y manténte en esta posición durante algunas respiraciones con las piernas estiradas contra la pared.

10 En una exhalación, gira hacia tu lado derecho con las rodillas flexionadas. Permanece así unos momentos mientras respiras uniformemente. Practica "Pez fácil" (ver p. 88) antes de continuar con otras posiciones.

pararse
de hombros

Si el parado anterior te resulta fácil, prueba esta versión íntegra.
Concéntrate en estirar la columna y las piernas hacia arriba en la
posición final. Manténte relajado y respira.

1 Acuéstate sobre una cobija con rodillas flexionadas, brazos a los costados y manos hacia abajo. Coloca cabeza y cuello fuera de la cobija.

2 En una inhalación, flexiona la rodillas sobre el pecho y levanta las piernas. Apóyate firmemente en el piso con las manos y los antebrazos.

3 Mantén los brazos en el piso y levanta las manos para apoyar la espalda. Empuja la espalda para desplazar tu peso hacia los hombros y deja el cuello libre y relajado.

PRECAUCIONES

• Las mismas del "Parado de hombros contra la pared". • Cuando utilices una cobija, asegúrate de que la parte superior de los hombros esté alineada con el borde de la cobija, y de que el cuello esté libre.

Estira las piernas
hacia arriba.

Centro de
la parte
posterior de
la cabeza
en el piso.

Los hombros
y los brazos
soportan
el peso.

4 Empuja la parte superior de los brazos y los codos contra el piso y desliza las manos hacia los hombros hasta que tu tórax quede vertical. Estira lentamente las piernas hacia el techo y acerca los codos. Respira uniformemente. Al principio, mantente sólo unos momentos.

5 En una exhalación, flexiona las rodillas hacia la cabeza y baja el cuerpo sosteniendo la espalda con las manos. Tal vez necesites separar la cabeza y los hombros del suelo conforme bajas.

6 Siéntate y relájate inclinado hacia adelante con las rodillas flexionadas o permanece acostado de espaldas con las rodillas flexionadas unas cuantas respiraciones.

arado

Esta posición relajante combina algunos beneficios de las posiciones invertidas con un fuerte estiramiento de la parte alta de la espalda y la posterior de las piernas. Evítala si padeces del cuello.

Acuéstate de espaldas con las rodillas flexionadas y los pies separados al ancho de la cadera. Coloca los brazos a los costados con las palmas de las manos hacia abajo. Respira varias veces.

En una inhalación, flexiona las rodillas sobre el pecho y levanta las piernas. Apóyate firmemente en el piso con las manos y los antebrazos.

Levanta las manos para sostener la espalda y mantén la parte superior de los brazos en el piso. Desplaza tu peso hacia la parte superior de los hombros y deja tu cuello libre y relajado. Estira las piernas hacia atrás y apoya los pies en el suelo.

4 Estira la columna hacia arriba y los brazos hacia atrás con los dedos de las manos entrelazados. Mantén la posición sólo unos momentos al principio, y respira pausadamente. Flexiona de nuevo las piernas y baja el cuerpo sosteniendo tu espalda como en "Pararse de hombros" (ver p. 84).

Alza los isquiones.

Junta los codos.

PRECAUCIONES

• Si tienes sobrepeso, estás menstruando, tienes la presión alta, alguna afección cardiaca o desprendimiento de retina, detente en el paso 3.

• Acuéstate de espaldas con las rodillas flexionadas sobre una silla si padeces problemas de espalda.

ALTERNATIVA

Si no alcanzas el suelo con los pies, flexiona las rodillas hacia tu frente o practica con los muslos apoyados en una silla, como se muestra en la ilustración. Sostén tu espalda con las manos.

pez fácil

Esta posición es excelente para complementar el estiramiento de
la espalda y el cuello después de "Pararse de hombros" (ver p. 84).
"Pez fácil" extiende la parte frontal del cuerpo, expande el pecho,
estira la columna y fortalece los brazos.

1 Siéntate derecho con las piernas
estiradas hacia adelante y los pies
juntos. Coloca los brazos a los
costados. Mira hacia adelante.
Empújate con las manos para estirar
el tórax.

2 Inclínate hacia atrás y apóyate sobre
los antebrazos. Coloca los codos
debajo de los hombros y apunta los
dedos hacia el frente. Sigue mirando
hacia adelante.

Mete el estómago.

Estira la parte frontal de los hombros.

Mantén las piernas estiradas y bien apoyadas en el piso.

3 Estira los dedos de los pies hacia adelante. Inhala y empuja los antebrazos hacia abajo abriendo el pecho hacia arriba. Haz la cabeza lentamente hacia atrás para mirar al techo y arquea ligeramente la espalda. Respira profundamente para llenar de aire el pecho.

PRECAUCIONES
• Mantén la cabeza alineada con la columna si sufres problemas de espalda.
• No te arquees demasiado si tienes problemas de espalda.

4 Para dejar la posición, haz la cabeza hacia adelante y empújate con los antebrazos y las manos para volver a sentarte. Inclínate hacia adelante y apoya la cabeza en tus rodillas. Si es necesario, flexiona las rodillas.

extensión frontal
sentada

Esta posición equilibra la energía, favorece la flexibilidad de la columna y estira los ligamentos de las corvas; asimismo, permite contactar la conciencia interior.

1 Siéntate con las piernas estiradas hacia adelante. Coloca las manos en el piso a los lados de la cadera y empújate para apoyarte sobre tus huesos isquiones. Lleva la planta del pie derecho a la parte interna del muslo izquierdo, cerca de la ingle.

2 Deja que la rodilla derecha caiga hacia el piso. Haz la cadera derecha hacia adelante para alinearte con la pierna izquierda. Si tu rodilla está muy separada del piso, apóyala en una almohada. Mientras inhalas, levanta los brazos a los lados de tu cabeza. Mira hacia adelante.

3 Mientras exhalas, inclínate hacia adelante a partir de la cadera. Mantén la espalda recta y la mirada hacia el frente. Coloca las manos sobre la pierna. Inhala y estira la columna.

4 Mientras exhalas, inclínate más hacia adelante y, si puedes, agarra tu pie izquierdo. Flexiona los codos para acercar suavemente el tórax a la pierna sin forzar la espalda. Relájate y respira uniformemente. Siéntate lentamente en una inhalación y repite con el otro lado.

No te fuerces para alcanzar los dedos de los pies ni para bajar la cabeza hasta la rodilla.

Inclínate hacia adelante a partir de la cadera.

ALTERNATIVA

Si sientes rigidez o tienes una hernia, practica esta posición sentado en un bloque o con una cobija debajo de la pierna flexionada. Si es necesario, pasa un cinturón alrededor del pie y tómalo con las manos para no forzar la espalda.

mariposa
boca arriba

Esta posición libera tensión del abdomen y el área pélvica. Ayuda a aliviar el dolor menstrual. Incrementa sus beneficios practicando "Respiración abdominal" (ver p. 101).

1 Acuéstate de espaldas con las piernas estiradas, los brazos separados de los costados y el dorso de las manos sobre el piso. Estira la parte posterior del cuello.

2 Flexiona las rodillas deslizando los pies hacia las nalgas. Aleja los hombros de las orejas y siente cómo se expande la parte superior del pecho.

3 Junta las plantas de los pies y baja las rodillas a los costados. Presiona los pies para soltar las caderas y permite que las rodillas toquen el piso. Relájate, respira con el abdomen inferior. Para concluir, sube las rodillas y desliza los pies hacia abajo.

Plantas de los pies juntas.

No te fuerces para bajar las rodillas hasta el suelo.

ALTERNATIVA

No fuerces las rodillas, si no alcanzan el piso o si sientes dolor en la región sacro-ilíaca de la espalda, apoya las piernas en almohadas o en cobijas dobladas. Para concentrarte en la "Respiración abdominal" puedes colocar las manos sobre el abdomen.

secuencia de
estiramiento arrodillado

Esta secuencia ayuda a equilibrar la energía. Es especialmente benéfica al final de un día estresante; refrescará tu mente y tu cuerpo.

1 Siéntate sobre los talones y agarra la muñeca derecha con la mano izquierda por detrás de la espalda. Estira la columna y la parte posterior del cuello y mira hacia adelante. Respira varias veces con los ojos cerrados para centrarte. Inhala.

2 Mientras exhalas, inclínate hacia adelante hasta apoyar el tórax sobre los muslos. Inhala y siéntate de nuevo. Mientras exhalas, inclínate otra vez hacia adelante.

Inhala y siéntate. Al mismo tiempo estira los brazos hacia los lados y hacia arriba de la cabeza. Mira la punta de tus dedos.

Mantén los brazos estirados e inclínate hacia adelante al exhalar. Con los brazos extendidos y alineados con los hombros, estira suavemente la columna.

Mientras inhalas, ponte a gatas. Asegúrate de que tus piernas estén separadas al ancho de la cadera y tus muñecas, alineadas con los hombros. Exhala, y mientras inhalas, haz el cóccix hacia arriba y el pecho hacia adelante. Dirige la mirada justo al frente. ▶

6 Exhala, y mientras inhalas, mete los dedos de los pies hacia abajo del cuerpo. Asegúrate de que las partes interiores de los codos estén frente a frente, que las manos estén paralelas y que los dedos de las manos apunten hacia adelante. Mira al frente.

7 Mientras exhalas, separa las rodillas del piso y haz los huesos isquiones hacia arriba y hacia atrás hasta adoptar la postura "Perro descendente" (ver p. 46). Mantén la posición durante tres respiraciones.

8 Mientras exhalas ponte a gatas otra vez. Estira los brazos y mantén los hombros separados de las orejas. Mira hacia el piso. Inhala y apoya el dorso de los pies en el piso.

9 Sin mover las manos y mientras exhalas, haz la cadera hacia atrás hasta quedar sentado sobre tus talones. Estira bien la columna y relaja los antebrazos sobre el piso.

10 En la inhalación, siéntate con la espalda recta. Pasa los brazos por detrás de la espalda y agarra tu muñeca derecha con la mano izquierda. Estira la columna y la parte frontal del cuerpo, y expande la parte superior del pecho.

11 Exhala e inclínate hacia adelante sobre tus muslos hasta que tu frente llegue al piso. Baja los brazos a los costados con las palmas hacia arriba. Relájate respirando pausadamente durante uno o dos minutos antes de sentarte.

giro en posición
sentada

Este giro favorece la flexibilidad de la columna, alivia la tensión de hombros y cuello, y estira los músculos respiratorios. Cierra los ojos y toma conciencia de las sensaciones.

1 Siéntate derecho con las piernas estiradas hacia adelante. Apóyate en las manos y asegúrate de sentarte sobre los bordes frontales de los isquiones. Si los ligamentos de tus corvas están rígidos, siéntate sobre un bloque.

2 Lleva el pie derecho junto a la rodilla izquierda, crúzalo sobre la pierna y colócalo al otro lado de la rodilla. Agarra la pantorrilla con ambas manos y jálate hacia ella para estirar la columna y la parte frontal del cuerpo.

PRECAUCIONES

Gira con cuidado si tienes problemas de espalda, hernias o si te sometiste recientemente a cirugía abdominal.

3
Apoya la mano derecha en el piso detrás de ti y pasa el brazo izquierdo alrededor de la rodilla derecha. Dirige la vista al frente y, mientras inhalas, estira el tórax.

Hombros relajados hacia abajo.

Esternón alzado.

Caderas hacia el piso.

4
Mientras exhalas, gira el tórax hacia la derecha empujando el antebrazo izquierdo contra la rodilla derecha. Alza el pecho y gira otra vez en la siguiente exhalación. Gira la cabeza hacia la derecha y relájate en esta posición. Realiza la postura durante tres o cinco respiraciones y vuélvete hacia el frente. Repite con el lado izquierdo.

5
Si tienes más flexibilidad, puedes poner la parte posterior del brazo izquierdo contra el exterior de la rodilla derecha. Mientras exhalas, mantén el brazo derecho estirado contra la pierna. Extiende los dedos de la mano hacia el piso al girar.

respiración

Los siguientes ejercicios pueden practicarse para mejorar la conciencia de la respiración y son especialmente útiles para tranquilizar la mente antes de la meditación (ver p. 106).

Los ejercicios que se describen en estas páginas ayudan a desarrollar la conciencia de la respiración y fomentan la tranquilidad y la claridad mental. Normalmente se practican después de realizar algunas posiciones de yoga o estiramientos. Estos ayudan a aflojar el cuerpo, lo que facilita permanecer relajados durante los ejercicios.

"Inhalación simulada" (ver p. 102) y "Exhalación forzada" (ver p. 104) deben practicarse con un instructor. Si te resultan difíciles consulta un experto

Respiración audible

Es un ejercicio sencillo, ayuda a que la respiración sea fluida y regular, calma y centra la mente, y ayuda a liberar tensión. Puedes practicarlo de manera independiente y también durante las posturas para mantenerte concentrado.

Para empezar el ejercicio, respira por la boca. Cierra ligeramente la garganta y mientras inhalas emite un "Ahhhh" parecido al sonido de un suspiro, y mientras exhalas emite un "Haaaa".

Cuando te hayas familiarizado con esto, trata de producir el mismo sonido respirando con la boca cerrada. Puedes pensar que estás respirando por un hoyo en la parte frontal de la garganta. Respira suave y regularmente; mantén la concentración. El sonido de la respiración puede ser sutil; basta con que lo oigas tú.

abdominal supina

Este ejercicio relaja el cuerpo y la mente, y es bueno para liberar tensión. Nota la facilidad con que fluye la respiración y percibe la sensación de alerta relajada de tu mente al finalizar la práctica.

1 Acuéstate de espaldas con las rodillas flexionadas y los pies separados al ancho de la cadera. Respira a un ritmo natural. Pon atención al ascenso y descenso del abdomen mientras respiras. Concéntrate en la exhalación y gradualmente haz que ésta se prolongue más que la inhalación.

2 Mete el abdomen para exhalar lenta y profundamente. Relájate al inhalar para que el abdomen se infle. Respira de este modo unos momentos.

3 Destaca más la exhalación tensando los músculos pélvicos (como si tuvieras ganas de ir al baño). Ahora, mientras inhalas, mantén el abdomen y la pelvis ligeramente contraídos. Siente cómo el aire llena el tórax. Mientras exhalas, contráelos más. Después de un rato, relájate y deja que tu respiración regrese a la normalidad.

inhalación simulada

Este ejercicio desarrolla la conciencia del trabajo del diafragma en la respiración e incrementa su fuerza y flexibilidad. La práctica consiste en exhalar completamente, cerrar la garganta y expandir las costillas como si estuvieras inhalando, una "inhalación simulada".

Puedes practicar recostado (ver página siguiente) o de pie (ver abajo). Haz tres repeticiones siguiendo cuidado con las instrucciones de la página siguiente. Respira normalmente por 20 segundos entre cada repetición. Cuando termines el ejercicio, siente la calidad de tu respiración. Si tu primera inhalación normal es agitada, practica este ejercicio más suavemente.

PRECAUCIONES

• Evita este ejercicio si tienes la presión alta o tienes inflamación o sangrado en la región abdominal.
• Es mejor evitar este ejercicio durante la menstruación, pues provoca una fuerte presión en el abdomen.

ALTERNATIVA

Párate con las piernas separadas al ancho de la cadera y las rodillas ligeramente flexionadas. Inclínate un poco hacia adelante arqueando ligeramente la espalda. Apoya las manos en los muslos y haz los codos un poco hacia afuera. Sigue los pasos 2 y 3 de la página siguiente.

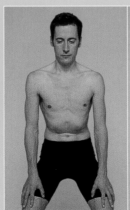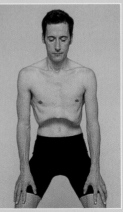

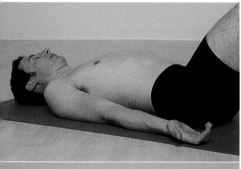

1 Acuéstate en el piso con las rodillas flexionadas, los brazos separados de los costados y las palmas de las manos hacia arriba. Deja que tu respiración adquiera un ritmo natural y regular.

2 Inhala profundamente y deja que el abdomen se hinche. Exhala completamente y mete el abdomen hacia la columna al mismo tiempo.

3 Relaja el abdomen, cierra la garganta y simultáneamente expande el pecho sin inhalar para que el abdomen se hunda. Mantén la posición hasta que necesites inhalar. Para hacerlo, relaja primero las costillas, abre la garganta y, contrayendo ligeramente los músculos abdominales, deja que el aire entre de manera fluida y controlada.

exhalación forzada

Este ejercicio consiste en una exhalación forzada y una inhalación pasiva. La intensa concentración en la exhalación ayuda a eliminar distracciones y a equilibrar el sistema nervioso.

Haz tres repeticiones siguiendo las instrucciones de la página siguiente, y respira normalmente durante 20 segundos entre cada repetición. Al final de la tercera repetición, exhala completamente y haz una pausa breve y natural antes de inhalar. La siguiente inhalación debe ser suave y pausada. Siéntate despacio, libera la respiración y toma conciencia de la fluidez y tranquilidad de tu mente.

Durante el ejercicio conserva un ritmo regular; si es necesario, practica más lentamente. No continúes si pierdes el aliento. Conforme te familiarices, podrás incrementar el número de exhalaciones por repetición.

APAGAR LA VELA

Este ejercicio previo te ayudará a familiarizarte con el movimiento correcto del abdomen en "Exhalación forzada". Apoya la mano derecha en el abdomen y pon la mano izquierda frente a ti. Imagina que hay una vela frente a tu mano izquierda. Inhala un poco y trata de apagarla. Siente cómo el abdomen se separa de tu mano al contraerse y cómo regresa automáticamente a ella.

Intenta apagar la vela varias veces. Luego practica con la boca cerrada exhalando enérgicamente por la nariz.

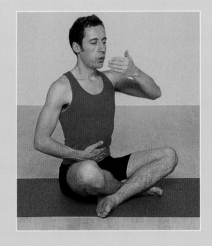

1 Siéntate con las piernas cruzadas, la espalda y la cabeza derechas y las manos apoyadas en los muslos con las palmas hacia arriba. Cierra los ojos. Deja que tu respiración adquiera un ritmo regular y destaca la exhalación.

2 Exhala un poco y termina de exhalar metiendo rápidamente el estómago. Permite que el abdomen se relaje inmediatamente de manera que la inhalación sea completamente natural y pasiva.

3 Exhala de esta manera un máximo de diez veces. Esto constituye una repetición. Después respira normalmente durante 20 segundos.

ALTERNATIVA

Siéntate o ponte de pie. Inhala profundamente. Expulsa el aire por la boca en exhalaciones cortas y rápidas haciendo una pausa entre cada una hasta que tus pulmones se vacíen. Cierra la boca y haz una pausa natural antes de inhalar. Aspira lenta y fluidamente.

PRECAUCIONES

• Si te mareas o pierdes el aliento, detente y practícalo más lenta y suavemente • Si tienes ambas fosas nasales congestionadas, estás menstruando, tienes la presión alta o sufres de epilepsia, practica la Alternativa.

meditación

La meditación implica silenciar la mente y tomar conciencia de la energía vital que constituye la esencia de nuestro ser. Su práctica regular tiene un poder restaurador y equilibra la energía.

Es imposible meditar si tratamos de cerrarnos al mundo o de ignorar completamente las sensaciones, pensamientos y emociones; sin embargo, podemos liberarnos progresivamente de todo esto.

Siéntate cómodamente en una de las "Posiciones fundamentales" (ver p. 19) con la cabeza, el cuello y la columna derechos. Si tienes flexibilidad, siéntate en la posición que se muestra, con los dedos pulgares e índices en el mudra que simboliza el vínculo entre las energías individual y universal. Cierra los ojos y toma conciencia de sonidos y sensaciones. Permite que el mundo esté ahí sin que reacciones a él. Toma conciencia de tu cuerpo. Mientras exhalas deja ir la tensión de la cara, el cuello, los hombros, los brazos y las piernas. Toma conciencia de la respiración, que es tu conexión constante con el mundo. Toma conciencia del aire en tus fosas nasales mientras inhalas y exhalas. Siente cómo pasa por la garganta hasta el pecho cuando inhalas y cómo se eleva por el pecho, la

CONSEJOS PRÁCTICOS

• Elige un momento en el que estés seguro de no ser molestado.
• Escoge un espacio silencioso, despejado, templado y libre de corrientes de aire.
• Elige una postura que puedas mantener cómodamente durante algunos minutos.

garganta y cómo sale por las fosas nasales cuando exhalas.

Ahora toma conciencia del espacio que hay dentro de tu cabeza, garganta y cuello; del espacio que hay en el lado derecho y en el lado izquierdo del pecho; del que hay en el hombro, el brazo derecho, la mano derecha; en el hombro, el brazo, la mano; el que hay en el lado derecho de la cadera, en la pierna y el pie; en el lado izquierdo de la cadera, la pierna, el pie. Toma conciencia del espacio que hay arriba y abajo del ombligo, en la base de la columna y en la pelvis.

Toma conciencia del espacio que hay en todo el cuerpo; el que lo rodea, y del espacio infinito que está más allá. Toma conciencia de ti mismo como un centro de conciencia sin divisiones entre adentro y afuera. Manténte en esta conciencia.

relajación

Descansa unos momentos al final de la sesión de yoga para reforzar sus efectos reconfortantes y regenerativos. Este ejercicio requiere de 15 a 20 minutos. Abrígate.

Acuéstate en el piso con las rodillas flexionadas y los brazos separados del cuerpo. Toma conciencia del cuerpo y de cómo se siente. Levanta ligeramente la cadera, mueve el cóccix hacia los pies, y luego baja la cadera otra vez al tiempo que relajas la parte baja de la espalda. Desliza los pies por el piso para estirar las piernas (si esto causa dolor en la espalda, mantén las rodillas flexionadas).

Deja que las piernas y los pies caigan hacia los lados. Acerca la barbilla al pecho y luego suéltala de manera que el centro de la parte posterior de la cabeza se apoye en el piso. Si sientes incomodidad usa una almohada o en una cobija doblada.

Relaja tu cuerpo parte por parte; empieza por los dedos de los pies y termina por la cabeza. No hace falta que hagas nada; solo dirige la atención sucesivamente a cada parte del cuerpo: los pies, las piernas, la cadera, las manos, los brazos, los hombros, el torso, el cuello, la cabeza. Cierra los ojos y la boca.

Atiende la respiración; deja que adquiera un ritmo natural y regular. No trates de respirar de algún modo en particular. Cuando inhalas, el abdomen se eleva ligeramente, y cuando exhalas, se vuelve a hundir. Haz que la exhalación se prolongue gradualmente un poco más que la inhalación. Advierte que al exhalar, el cuerpo se relaja, se hace más pesado y parece que se hunde en el piso.

Mantén la atención en tu respiración; cuenta del 1 al 20 y luego de regreso hasta cero. Uno es una inhalación, dos, una exhalación, etcétera. Cuando llegues al 10 de regreso, sólo cuenta las exhalaciones. Si te distraes regresa a la respiración y a la cuenta.

Cuando llegues a cero toma conciencia del espacio que hay frente a tus ojos, de la quietud y del silencio. Percibe la tranquilidad de tu respiración y de tu mente. Todo lo que escuchas y sientes tiene lugar dentro de tu conciencia. Eres consciente de todo pero no hace falta que te concentres en nada. Estás completamente presente en el momento. Simplemente eres. Disfruta esta sensación de paz y quietud todo el tiempo que dure.

Vuelve a tomar conciencia de tu cuerpo, del piso, de las paredes que te rodean; de los sonidos que se producen dentro y fuera de la habitación. Mueve los dedos de los pies y de las manos, las manos y los pies. Respira profundamente una o dos veces, estira los brazos sobre la cabeza y suspira. Gírate hacia la derecha y manténte unos momentos así con los ojos cerrados. Siéntate lentamente y abre los ojos.

rutinas

Los siguientes rutinas están diseñadas para los momentos en que necesitas recuperar la energía rápidamente. No olvides tomarte un tiempo para centrarte antes de realizarlos y un tiempo para asimilar sus efectos. Recuerda que el yoga también es un estilo de vida y una actitud.

1 inicio
del día

Llénate de energía antes del desayuno con "Respiración por secciones" o "Inhalación simulada", algunos ejercicios de respiración y estiramiento, y esta secuencia de posiciones. Realiza "Salutación al sol" antes de las posturas y "Meditación".

1 Triángulo.

2 Incl. al frente, piernas abiertas.

③ Embestida del guerrero.

④ Perro descendente.

⑤ Liebre.

⑥ Giro en posición sentada.

2 vigorizante: media
mañana

En vez de tomar un café, un cigarro o un pan, recurre a estas posturas en un espacio tranquilo de tu trabajo o realia en tu escritorio algunos ejercicios de respiración y extensión. Si tienes poco tiempo, "Respiración audible" o "Exhalación forzada" te proporcionarán energía.

1 Guerrero.

2 Incl. lateral, rodillas flexionadas

3 Perro ascendente.

4 Liebre.

5 Camello.

6 Giro en posición sentada.

3 vigorizante
vespertino

Después de un arduo día, estira esos músculos cansados y las articulaciones rígidas. Realiza algunos ejercicios de respiración y extensión, practica "Respiración abdominal" en la posición de "Mariposa boca arriba", y relájate. Practica "Meditación".

1 Inclinación al frente.

2 Perro descendente.

3 Embestida con giro.

4 Arado.

5 Pez fácil.

6 Mariposa boca arriba.

4 preparación
día siguiente

Esta rutina relaja el cuerpo y contrarresta la acción de la gravedad.
Practica primero "Respiración abdominal" acostado en la cama,
relájate y repite: "Mi energía es vigorosa"; pon las manos en el
abdomen, luego en el tórax y finalmente pon los dedos en el
esternón; "Estoy listo para la vida" (brazos a los lados).

1 Triángulo.

2 Incl. al frente, piernas abiertas.

3 Pararse de hombros contra la pared.

4 Pez fácil.

5 Extensión frontal sentada.

6 Giro en posición sentada.

5 vigorizante: mediados
de semana

Esta secuencia te reanima cuando decae tu energía a media semana. Empieza con "Respiración por secciones" y algunos ejercicios de respiración y extensión; luego practica estas posiciones. Intenta realizar "Respiración audible" durante todo el programa.

① Guerrero.

② Estiramiento de corredor.

③ Cocodrilo.

④ Perro descendente.

⑤ Perro ascendente.

⑥ Liebre.

6 Reanimante: fin de semana

Esta rutina proporciona la energía suficiente para todo el fin de semana. Combina las posiciones con ejercicios de respiración y extensión, "Salutación al sol" y "Secuencia de estiramiento de arrodillado". Agrega ejercicios de respiración y relajación para integrar una sesión más larga.

1 Inclinación al frente.

2 Triángulo.

3 Embestida con giro.

4 Camello.

5 Pararse de hombros.

6 Extensión frontal sentada.

7 reanimante: viajes
prolongados

Para reducir el estrés de los viajes largos, date tiempo para respirar, estirarte y centrarte. La "Secuencia de inclinación lateral", "Secuencia de estiramiento arrodillado" y las siguientes posiciones te ayudarán. Termina el programa con el ejercicio de relajación.

1 Inclinación al frente.

2 Embestida del guerrero.

3 Perro descendente.

4 Camello.

5 Giro en posición sentada.

6 Mariposa boca arriba.

índice

Organizaciones

VALUENET CONSULTORES ASOCIADOS
François Valuet Dayrat
Mariano Escobedo 543, Desp. 303
Col. Rincon del Bosque, Polanco
Tel: (52 55) 55 45 24 41
E-mail: fvaluet@valuenet.com.mx

INSTITUTO MEXICANO DE YOGA, A. C.
Moliere 62-2 Col. Polanco
Tel: (52 55) 52 82 29 98
www.yoga.com.mx

**DIPLOMADO PARA FORMAR
INSTRUCTORES DE KUNDALINI YOGA**
Universidad de Guadalajara
Nebulosa 2802, Jardines del Bosque
Guadalajara, Jal.
Tel: (33)31232444
E-mail: diyoga@avantel.com

www.yogasite.com
www.yogafinder.com

Agradecimientos

AGRADECIMIENTOS DEL AUTOR
A mis maestros y a mis alumnos,
especialmente a Sheri Greenaway, al Dr.
Shrikrishna y a David Swenson; a Julie
Bullock y Liz Taylor su ayuda con el texto; al
Dr. Robin Monro por *Yoga for Living*; a Jane
y Anne-Marie por su gran trabajo editorial y
de diseño, y por ser tan divertidas
compañeras; y a Nicky y Schroeder por
sobrevivir el año pasado.

AGRADECIMIENTOS DEL EDITOR
A Catherine MacKenzie por su ayuda en el
diseño; a Helen Ridge, Jane Simmonds y
Angela Wilkes su apoyo en la edición; a
Dorothy Frame por el índice; a Katy Wall
por diseño de sobrecubierta; y Anna
Bedewell por ilustraciones adicionales.

Modelos: Jean Hall, Lee Hamblin, Cate
Williams **Asistente fotográfico:** Nick
Rayment **Peinados y maquillaje:** Hitoko
Honbu (representado por Hers) **Estudio:** Air
Studios Ltd

Alfombras para yoga: Hugger Mugger
Yoga Products, 12 Roseneath Place,
Edinburgh EH9 1JB. **Tel:** 44 (0) 131 221 9977;
fax: 44 (0) 131 2291 9112;
En internet: www.yoga.co.uk;
e-mail: info @huggermugger.co.uk
En Estados Unidos a través de: Hugger
Mugger Products, 3937 SO 500 W, Salt
Lake City, Utah 84123. **Tel:** 800 473 4888;
fax: 801 268 2629; **en Internet:**
www.huggermugger.com
Accesorios para yoga: Yoga Matters, 42
Priory Road, London N8 7EX.
Tel: 44 (0) 20 8348 1203;
en Internet: www.yogamatters.co.uk;
e-mail: enquiries@yogamatters.co.uk
El editor agradece su amable
autorización para la reproducción de sus
fotografías –a: Getty Images/Pete Turner;
Getty Images /Jaques Copean
Todas las demás imágenes © Dorling
Kindersley. Para más información véase:
www.dkimages.com